Victor Auburtin · Durchschnitt durch Potsdam

Victor Auburtin

Durchschnitt durch Potsdam

oder

Lob der Langsamkeit

Geschichten
vom Déjà vu

Verlag Das Arsenal

Ausgewählt und mit einem Vorwort von Peter Moses-Krause

ISBN 3 931109 08 9

Vorwort

Eine wirkliche Liebesgeschichte von Schriftstellern mit Potsdam gibt's nicht. Auch zwischen Victor Auburtin und Potsdam hat es keine gegeben. Das mag mit seiner Emanzipation von dem Großvater zu tun haben, der 1830 vor der französischen Julirevolution zu den Geistesverwandten seines Königs Karl X. geflüchtet war – zunächst zum Zaren und dann nach Berlin, wo er bei Friedrich Wilhelm III. so etwas wie Küchenmeister wurde. Es kann auch und vielmehr damit zu tun haben, daß der Enkel ein empfindsamer Mensch voll reizender Widersprüche war: ein Konservativer, zu dessen literarischen und menschlichen Idolen gleichwohl Männer gehörten, mit denen ihn politisch so gar nichts verband: der Dichterfürst Anatole France, oder Jean Jaurès, mit dessen Ermordung 1914 der letzte Damm des europäischen Friedens brach; ein eleganter deutscher Stilist, der »sich erlaubte, die Sprache Montaignes zu verstehen«; ein Bewunderer der Redner Bismarck und Rathenau, aber Republikaner und Pazifist. Undsoweiter. Der Widerspruch, der nicht zu versöhnen war, bestand zwischen der ästhetischen Sehnsucht nach »Potsdam«, dem sagenhaften preußischen Arkadien, und der Abneigung des gebildeten und leisen Feuilletonisten gegen das wilhelminische Leutnants-Potsdam, dessen Zeitgenosse zu sein er das Mißvergnügen hatte.

Andere, von gleicher Façon, sahen Potsdam ähnlich. Wie Georg Hermann, der *Spaziergänger in Potsdam*, ein Jahr jünger als Auburtin – sie waren wahrscheinlich miteinander bekannt: entweder ohnehin aus ihrem Heimatdorf Berlin oder durch den *Simplicissimus*, die legendäre anti-wilhelminische Münchner Literatur-

Literaturzeitschrift, mit der Hermann als Kunstkritiker zu tun hatte und in der Auburtin seit 1906 satirisch-moralistische Kurzerzählungen veröffentlichte. Beide, der Réfugié-Enkel wie der deutsche Jude, perhorreszierten das beschränkte, militaristische Preußentum, das Potsdam »noch heute zum Symbol macht für die, die sonst taub und blind für seine Schönheit sind«; aber beide hatten auch eine gewisse lebensfrohe Sympathie für den *Laisser-faire*-König Friedrich Wilhelm II. und hellsichtig-kritische Zuneigung zu dem so widersprüchlichen Friedrich Wilhelm IV., also zu den unhohenzollerischsten der Hohenzollern; die es ihnen möglich machten, doch den »Zauber dieser Stadt« zu empfinden, »die wie eine Oase in einer sonst landschaftlich ungewöhnlich armseligen und fast völlig kunstleeren Wüste liegt«, wie Georg Hermann später (gewiß etwas ungerecht) befand.

Potsdam als (europäischer) Geisteszustand: ich glaube, so parabelhaft hat Victor Auburtin das Sujet und so haben die Leser des *Berliner Tageblatts* seine Feuilletons – diese nachdenklichen Unterhaltungen »unterm Strich«, auf dem ersten Beiblatt rechts unten, seit 1911, vor und nach dem Krieg meist alle drei Tage – wohl *auch* verstanden. Und so ist diese Auswahl zustande gekommen – das heißt, sie enthält auch etliche Feuilletons, die nur scheinbar nichts mit Potsdam zu tun haben.

Denn nur scheinbar hat, zum Beispiel, der Kongreß der sozialistischen II. Internationale in Genf 1919, über den Auburtin unter dem resigniert-spöttischen Titel »Revolutionäre« plauderte, mit Potsdam nichts zu tun. Seine Leser wußten doch, daß Potsdam gewissermaßen einen doppelten Boden hatte: unter der fritzisch-widersprüchlichen die *Arbeiterstadt* – die nur wenige Jahre zuvor, 1912, zum Symbol der sozialistischen Hoffnungen geworden war, als eine deutliche Mehrheit den jungen Anwalt Karl Liebknecht zum Reichstagsabgeordneten gewählt hatte. Das schien der Sieg zu sein über das alte Deutschland, und Wilhelm II., der schon die Kandidatur Liebknechts in »seiner« Stadt nicht hatte verhindern können, schwor, nie wieder einen Fuß ins undankbare Potsdam setzen zu wollen. Jetzt war der Krieg – der mit dem sozialistischen Triumph hätte gebannt sein sollen – verloren, der Kaiser weg, Liebknecht tot, die Sozialdemokraten an der Macht; was der skeptische, müde gewordene Liberale Auburtin denn doch nur als *déjà vu* wahrnahm.

Apropos: 1914, am Vorabend des Kriegs, rezensierte Kurt Tucholsky in Siegfried Jacobsohns *Schaubühne* (später: *Weltbühne*) Auburtins bei Albert Langen erschienenes Büchlein *Die Onyxschale* – liebevoll, aber auch etwas arrogant-ungerecht. Tucholsky schreibt da: »Ihr werdet ihn dann ordentlich vor euch sehen, Herrn Victor Auburtin, wie er – mit Abneigung gegen große Gesten – an der Seite einer Geliebten durchs Bois geht, sehr sanft, sehr bewußt, sehr still. Nur eben kommt man mit der Stille nicht allzu weit, in Deutschland. Und wenn er auch hundertmal sagt: der Schritt ist mehr als das Ziel, so wollen wir andern doch jung genug sein, uns ja nicht diese Moral anzueignen, die aus dem Stück *Canes familiares* spricht.«

Die böse, tragische Pointe der Anekdote: zwanzig Jahre später, als er so alt war wie Auburtin 1914 und ihm der jugendlich-arrogante Optimismus längst vergangen war, im Exil, notierte Tucholsky kommentarlos eben dieses »Canes familiares« im »Q-Tagebuch für die qgelrunde Nuna«; in diesem Bändchen stehts auf der letzten Seite.

»Wir armen Feuilletonisten überleben uns nicht« hat Victor Auburtin einmal geschrieben, gemünzt auf den liebenswürdigen Peter Altenberg; das kann man nun so oder so verstehen – Karl Kraus, Altenbergs Freund, hat es so verstanden und war fortan sehr böse auf Auburtin. Aber Potsdam ist doch nicht Wien.

P. M.-K.

Lob der Langsamkeit

»Sie brauchen sich nicht zu beeilen«, sagte ich in Potsdam zu dem Droschkenkutscher. »Wir haben Zeit.«
Der Droschkenkutscher drehte sich auf seinem Sitz um und sah mich an; er war ein alter Mann und lachte über das ganze Gesicht: »So etwas«, sagte er, »so etwas hat mir in meinem ganzen Leben noch kein Mensch gesagt. Nun fahre ich hier in Potsdam schon vierzig Jahre; aber immer soll es schnell gehen, weil die Herrschaften immer mit dem Zug um 5 Uhr 45 Minuten zurück wollen.«
Es gibt also Herrschaften, die im Potsdamer Park an den Zug von 5 Uhr 45 denken – auf den großen, schlafenden Terrassen der Orangerie. Aber was für Herrschaften gibt es nicht alles! Ich habe zum Beispiel einen Menschen gesehen, der aß Austern und las dabei die Abendzeitung.
Kommende Historiker und Spenglers werden das vielleicht einmal erkennen, daß die Not dieses 19. und 20. Jahrhunderts durch die Überschätzung der Schnelligkeit zu erklären ist. Die vierundzwanzig geräumigen Stunden des Tages genügen uns nicht zur Abwicklung meist erbärmlicher Geschäfte, und am liebsten möchten wir die Zeit stehlen. Als höchstes Gut gilt der Epoche die Eile, die immer ein Zeichen niedriger und gewinnsüchtiger Natur ist.

Von dem Kardinal Sainte-Foix erzählt man diese Anekdote: Er erging sich einst, begleitet von seinen Kaplänen, im Parke, als ein gewaltiger Platzregen niederstürzte. Die Kapläne rafften ihre Röcke hoch und stürzten nach einer Säulenhalle, wo sie gesichert waren; von dort riefen sie dem Kardinal zu: »Hierher, Eminenz! Laufen Sie! Sie werden ganz naß!«

Sainte-Foix erwiderte: »Ein Kardinal läuft nie«; und er schritt langsam der Säulenhalle zu – naß, aber ein Kardinal.

Seien wir Kardinäle, Freunde und Freundinnen, auch wenn das Geschäft darunter etwas leiden sollte.

Etwas über Fontane

Früher pflegte der Mensch seine Frühlingsreise nach Gardone zu unternehmen oder an den Lago Maggiore ... jetzt sitze ich zur Frühlingszeit hier in der Mark am ***see und gebe mir nun die größte Mühe, allen Menschen zu beweisen, daß die Mark viel schöner ist als Italien.

»Sieh nur«, so spreche ich zu der schlanken Dame, die mein einfaches Mittagsmahl teilt, »sieh nur das zarte, gehauchte Grün des Birkenwaldes da drüben am Ufer, so etwas finden wir im ganzen Süden nicht. Und zwar aus zwei Gründen nicht: *a*] weil da unten alle Farben klar und schroff sind, *b*] weil es überhaupt keine Birken gibt in Italien. Dieser See mit seinem Schilf, mit den Schwärmen von Wasservögeln, mit seinen stundenlangen Abenddämmerungen, der ist schöner als der Gardasee.«

So erzähle ich allen Leuten, und ich glaube, ich glaube es schließlich selber ...

Ja, aber da ist doch nun dieser Fontane, der die Mark verherrlicht hat und auf dessen Urteil und Geschmack man sich doch einigermaßen verlassen könnte.

Er hat die Mark verherrlicht, aber er hat sich nichts aus ihr gemacht, so liegt die Sache. In allen seinen Briefen und Unterhaltungen kehrt die Klage wieder über das unfrohe Thema, das er da auf sich genommen hatte: »*Verschont mich mit der Mark, wir preisen sie nur, weil wir nichts Besseres haben. – Die schlesischen Nester sind Paradiese, aber hier in der Mark ist alles trist und häßlich. – Der Märker ist schrecklich, und gerade das habe ich verherrlichen müssen. – Was das Poetische anbetrifft, so bedeutet die Mark das denkbar Niedrigste.*« In dem scheinbar so spießbürgerlichen Wesen dieses Menschen war etwas von heimlichen Säulengängen, und nie konnte seine provençalische Seele froh werden hier in der wendischen Trübe.

Allee hinter dem »Grünen Gitter« nach Sanssouci

Die Friedenskirche bei Sanssouci

Auf den Spuren Friedrich Wilhelms IV.

Am Anfang dieses Jahres 1911 haben wir ein Jubiläum gefeiert, das an ein merkwürdig heimliches und doch schicksalschweres Datum unserer Geschichte erinnerte: die fünfzigste Wiederkehr des Sterbetages Friedrich Wilhelms IV. Das heißt: eigentlich hat man dieses Jubiläum gar nicht gefeiert, denn Friedrich Wilhelm IV. ist bei uns nicht sehr beliebt, und man redet – allerdings aus guten Gründen – nicht gern von ihm.

Er ist keiner von den Jubelmonarchen, und in einer Festrede zur Grundsteinlegung des Invalidenheims ließe er sich nicht anbringen, weder als Schlachtenlenker noch sonstwie. Und ein Denkmal hätte er auch nie bekommen, wenn bei uns die Denkmalmacherei nicht immer gleich in Serien oder so gewissermaßen im Ramsch betrieben würde.

Aber er war der einzige Monarch in Preußen, der die Kunst wahrhaft verstanden hat, und deshalb lieben ihn die wenigen und Stillen, die so etwas angeht. Und deshalb hatte ich es längst vor, ihm in diesem Jubiläumsjahre in seinem Potsdam einen Besuch zu machen, und habe diesen Plan nun in pfingstlichen Tagen ausgeführt.

»Nur in Potsdam und in den einsamen Haveldörfern ist er wirklich populär geworden«, schreibt Heinrich v. Treitschke, der diesen König nicht liebte und mit seiner ganzen eisbärenhaften Tolpatschironie auf ihn losdrischt. Ach ja, nur in dem stillen Lande konnten die guten Seiten dieses Mannes verstanden werden.

Zwei seiner Schlösser sehen von den Bergen weit über das Havelland; der Bau auf dem Pfingstberg und fern und groß da drüben die Orangerie auf den Bornstedter Hügeln. Sie ähneln sich

im Stil und in der ganzen architektonischen Gebärde, noch mehr aber in ihrer fast traumhaften, fast wahnwitzigen Nutzlosigkeit. Spiegelnde Luftgebilde, durch nichts mit unseren Bedürfnissen verbunden; ein zitternder Sommerspuk. Schließ die Augen und öffne sie wieder – und es wird verschwunden sein.
Das Schloß auf dem Pfingstberg ist etwas ganz Kurioses. Zwei mächtige Türme, dazwischen weitläufige Mauern, Arkaden und ein vermoderndes großes Wasserbecken. Ist es eine Kulisse, ist es ein halbfertiges Schloß, nicht zu Ende geführt in der Unruhe zweideutiger Zeiten? Ich sehe im Reisehandbuch nicht nach – und will es nicht wissen. Es bleibe mir Fabelland. Jetzt, in diesem unerhörten Frühling, liegt es verwunschen da, umsponnen von Holunderblüte und einsamem Kuckucksruf.
Unter den kleinlichen Spielereien, an denen Rokokofürsten des 18. Jahrhunderts sich erfreuten, war auch die mit den Orangenbäumen. Man ließ sich aus Italien ein paar solcher Bäumchen kommen, die trieben dann im Frühjahr einige ärmliche Blüten und warfen im Sommer ein paar kümmerliche haselnußgroße Früchte ab. Und daran hatte man dann sein erlauchtes Spaßvergnügen.
Für diese Schnurrpfeiferei baute Friedrich Wilhelm das ungeheure Schloß der Orangerie da oben auf den Hügeln hin. Mit Türmen, endlosen Fronten, hallenden Höfen, hohen Gewölben, mit weit hinausgeschobenen Terrassen, mit murmelnden Brunnen und römischen Sarkophagen. Eine kolossale Zwecklosigkeit; so traumverloren schön, so berückend, so dämonisch in seiner Verlassenheit, wie nur das ganz Zwecklose und Widersinnige sein kann.

Es ist merkwürdig, wie ähnlich in Charakter und Haltung sich diese Fürsten sind, die das Schicksal in Revolutionszeiten stellte. Karl I. von England, Ludwig XVI. von Frankreich und der

IV. Friedrich Wilhelm in Preußen. Alles im Kern schwache Menschen, die durch martialisches Auftreten und despotisches Dreinblicken über die Haltlosigkeit ihres Herzens hinwegtäuschen wollten. Karl ließ sich von seinem van Dyck in den kühnsten Posen malen, mutig zu Pferd, mit dem Harnisch angetan ... aber er war sofort immer zu jedem Kompromiß bereit. Ludwig liebte es, den Kopf stolz in den Nacken zu werfen – jenen unglücklichen Kopf – und den ersterbenden Untertan mit wohleinstudiertem Adlerblick zu durchbohren ... und in seinem Herzen saß das große Zagen.

Hier vor dem Orangerieschlosse steht Friedrich Wilhelms Marmorbild, von Bläser geschaffen. Aufrecht, fest auftretend, in der Uniform, wie ein General, der nicht mit sich spaßen läßt. Aber selbst in der Härte des Marmors läßt sich das nervöse Zittern um diese Augen erkennen und das Irrlichterlieren einer Seele, die jede günstige Gelegenheit verpassen wird. »Flackernd, meist zerstreut, absorbiert, gedankenvoll erregt«, so schildert ihn, nicht billigend, Caroline v. Rochow, die eine Aufrechte, eine Preußin war.

Wir, die Söhne der Generation von 1870, nennen seine Zeit eine Epoche des Tiefstandes. Olmütz, die nicht benutzte Gelegenheit der Revolution, den Pietismus, die Demütigung auf dem Pariser Kongreß, das verscherzte Prestige ... das können wir ihm nicht vergessen. Aber diese Zeit des Niedergangs war eine Zeit leuchtender Kunstblüte, und als der energielose Mann in Sanssouci residierte, da gingen die Männer des Geistes hier ein und aus, daß der kümmerliche Kulturglanz des alten Fritzenhofes weit überstrahlt wurde: Schinkel, Stüler, Rauch, Cornelius, Savigny, die Brüder Grimm; und alle diesen köstlichen Villen hier herum wurden gebaut, die Pergolen, die Friedenskirche, die sich in dunklen Teichen spiegelt; noch bei den abendlichen Tees am Hofe wurde aus Goethes Prosa vorgelesen; und auf dem Rasen

des Parkes spielte Madame Elise Rachel die Phaedra von Racine. In dem kleinen, entzückend unter hohen Kastanienbäumen versteckten Schlößchen Charlottenhof wohnte der Mann der Zeit, Alexander v. Humboldt. Den besuchte der König oft von Sanssouci aus, und dann gingen beide stundenlang Arm in Arm unter den Kastanien und zwischen weißen Hermen und sprachen von den großen Fragen der letzten Weltweisheit.
Wie gesagt: eine Zeit schmachvollen Tiefstandes.

Potsdam hat sich seit jenen Tagen kaum verändert. Ein gütiges Geschick bewahrt es vor allzu kaiserlichen Einfällen, vor Puppenalleen und Ausforstungen, und so liegt es heute noch versonnen da und träumt von jener Zeit, die so kurz erst vergangen ist und die uns heute schon so rätselhaft erscheint.
Nur die Schauspieler auf dieser Bühne sehen jetzt ein wenig anders aus. Die Philosophen sind verschwunden, dafür wandeln bunte Offiziere auf allen Parkwegen, Truppen marschieren, Ordonnanzen eilen, tausend Verbotstafeln weisen den Bürgersmann in die gebührenden Schranken zurück, und vom fernen Übungsplatze her krachen ununterbrochen die Salven der Schießübung.
Wir können beruhigt sein: die Zeit von Olmütz wird nicht wiederkommen. Aber sobald auch nicht die Zeit, da Preußens König Arm in Arm mit dem Philosophen unter Kastanienbäumen spazieren geht.

Baumblüte

Paris im März [1912]. Sobald der März seine Mitte überschritten hat und eine mildere Luft zu wehen beginnt, geht der Mensch nach Versailles, um die Baumblüte zu besehen. Wenn ich jetzt in Berlin lebte, würde ich nach Werder hinausfahren, um dort zu konstatieren, daß die Baumblüte wieder eingetroffen ist. Da ich mich aber in Paris befinde, muß ich mich mit der Versailler Baumblüte begnügen und abfinden. Wobei gleich von vorneherein gesagt werden soll, daß die Baumblüte hier nicht so üppig und massenhaft ist über ganze Gartenhügel hinweg wie in Werder oder in Caputh; sie besteht vielmehr darin, daß zwischen dem dunklen Grünen hin und wieder ein Mandelbaum einsam und edel in Blüte steht. Aber auch das ist, wenn man es genauer betrachtet, gar nicht so übel, und man nimmt es gern hin.

Viele Leute sind der Meinung, man dürfe nach Versailles nur im Herbst hinausfahren, wenn das Laub fällt und unter den Füßen raschelt; dann gäben das verlassene Schloß und der große Park am feinsten die Stimmung der Vergangenheit her. Diese Meinung ist nicht unberechtigt, aber ich finde, daß es auch im Frühjahr in Versailles lieblich genug ist und voll Zauber; ja, daß gerade in der Zeit, wenn alles neu auflebt, das tote Königsschloß am schmerzlichsten schön ist und seine tragischsten Reflexe offenbart.

Durch das brennende Grün der jungen Kräuter schimmern schweigende Säulengänge, unter denen niemand wieder lustwandeln wird; verstorbene Marmorgötter heben die Hände zu beredten Gebärden, auf die niemand achtet; und zwischen den Bosketts, in denen die Marquisen galant geliebt haben, raufen sich struppige Spatzen und üben eine Liebe, die vielleicht fruchtbar sein mag, die aber gewiß nicht zierlich genannt werden kann. Ich empfehle, an einem regnerischen Tage hinauszufahren, wenn die Baedekerreisenden fern bleiben. Und ganz von selbst versteht sich, daß wer Versailles kennenlernen will, alle Museen zu meiden hat.

Man fährt vom Bahnhof mit einem Wagen zu den Trianonschlössern und beginnt von da aus die Parks zu durchschreiten. Dort steht unter hohen alten Bäumen allerlei artiges Bauwerk: eine kleine Meierei, ein kleiner Stall und ein paar Bauernhütten. Diese Gebäude hat die Königin Marie Antoinette errichten lassen, und hier pflegte sie in graziöser Form zur Natur zurückzukehren. Sie molk höchstselbst die Kühe und arbeitete am Butterfaß und offenbarte so aller Welt, die es sehen wollte, eine äußerst landesmütterliche Leutseligkeit. Auch bekundete sie ihre Liebe zum Volke dadurch, daß sie durch ihren Hofstaat Bauerntänze aufführen ließ, bei denen die Kavaliere und Damen ganz echte Bauernkostüme tragen mußten, rosafarbene Hemdsärmel und blaue Bänder auf den Schultern und Diamantschnallen an den Schuhen. Und diese Volkstümlichkeit dauerte so lange, bis die wirklichen Bauern aus ihren Schmutzhöhlen hervorgekrochen kamen und am Parktor rüttelten. Die trugen keine blauen Bänder und hatten in ihrer Mehrzahl auch keine Diamantagraffen, aber sie trugen den Hunger im Magen und den Haß im Herzen; und sie erinnerten einen hohen Adel gräßlich daran, daß es mit der Leutseligkeit allein noch nicht getan sei.
Der alte Park, in dem sich diese lehrreichen Vorgänge begeben haben, ist jetzt ganz verlassen und verschollen, und eine wunderbare Einöde ist über ihn gekommen. Auf allen Wegen wuchert das grüne Gras, das saubere Gärtner Unkraut nennen; die Büsten der Caesaren sind mit Moos überzogen; und über eine verwit-

Am Potsdamer Stadtkanal

Blick vom Stadtschloß auf Potsdam

terte Mauer, die einst zu einem Theater gehört hatte, ragt wild jener blühende Mandelzweig hinweg, um den wir hergekommen sind und den du dir ungestraft brechen kannst in der großen Stille. Dann brauchst du nur noch bis zu dem Teich hinunter zu gehen und um eine Ecke zu biegen und siehst nun in weiter Ferne das Versailler Königsschloß liegen. Es liegt hoch da auf dem Hügel, hinter endlosen Plätzen, es ist ungeheuer wie kein anderes Bauwerk auf der Erde, und schläft totenstill mit seinen Hunderten von Fenstern in unaussprechlicher Verlorenheit.

Gut aber ist es, wenn man vor einer Fahrt nach Versailles in Hippolyte Taines *Ancien régime* nachgelesen hat, was einst hier das Leben gewesen ist. (Denn dadurch unterscheidet sich eine französische Baumblüte von der deutschen, daß man sich mit Hippolyte Taine auf sie vorbereiten muß.)
Zwischen Gold und Spiegeln und Lichtern ein schwächlicher geschminkter Mann, der gähnend die Hand vor den Mund hält: der König. Um ihn lebt und lärmt diese Welt. Er hat für sich, zu seinem privaten Dienste 9050 Domestiken, 68 Marschälle, 62 Herolde, 48 Leibärzte, 75 Beichtiger. 383 Köche braten nur für ihn die Hühner in den silbernen Pfannen; 103 Küchenjungen drehen die Bratspieße im Märchenschloß. Er hat 150 Pagen, die immer um ihn stehen; und das Kleid jedes einzelnen Pagen kostet 7500 Francs, denn es ist wie aus purem Gold. All das dient ganz allein dem König. Jeder Prinz hat seinen Hofstaat für sich, jeder 300 Domestiken. Einer kleinen Prinzessin, die einen Monat alt ist, wird ein Staat von 80 Hofchargen eingerichtet. In endlosen Ställen stehen kettenklirrend die Pferde, Zehntausende, und die königlichen Jagdmeuten heulen. Das Futter für die persönliche Meute des Königs kostet in einem Jahre 160 000 Francs; der Hafer für seine Leibpferde in einem Jahre 900 000 Francs. Und das war kurz vor der Revolution, in der Zeit der Sparsamkeit, als

man sich einschränkte und einer spartanischen Einfachheit befleißigte. Und es drängt und flutet die Treppen hinauf, es steht zu Tausenden in den Galerien und Vorzimmern, alle Augen auf die eine Tür gerichtet; dreihundert Kavaliere werden zum König hineingelassen, wenn er sich seine Krawatte umbindet; dreihundert andere erhalten die Erlaubnis zuzusehen, wenn ihm die Stiefel angezogen werden.

Die Welt bemüht um den einen schmächtigen Menschen, der gähnt und Pastillen einnimmt, um nicht vor Langeweile einzuschlafen. Ein unzählbares Gewimmel geistreicher gepuderter Köpfe. Eine glänzende Gesellschaft, die alles hatte: Reichtum, Kunst, Grazie; und der nur eines gefehlt hat: das Gewissen.

Sonst ist die Stadt Versailles eine stille Schranzenstadt, die um das Schloß herumkuscht. Die Stadt einer allerhöchsten Privatschatulle, mit Wohnungen für die Obergewandmeister, die Hausmarschälle und für die Kammerherren, die einen silbernen Schlüssel aufgenäht trugen auf ihrer hinteren Sitzgelegenheit. So gleicht es ein wenig unserem Potsdam; es ist verzaubert wie diese alte Stadt, mit zopfigen Erinnerungen und mit Schnurrpfeifereien.

Aber wer solchen Stimmungen nachzugehen liebt, möge sich beeilen, denn schon streckt die neue Zeit ihre Arme nach Versailles, und bald wird es mit dem Zauber gründlich vorbei sein. Vermutlich weil es in der Umgebung von Paris keine anderen geeigneten Orte gibt, wird man aus Versailles einen Sportplatz ersten Ranges machen, und an Veranstaltungen wird kein Mangel sein: Polomatche, Fußballrugbys und hoffentlich auch ein Rekordbruch im Boxkampf zwischen den Taxushecken und auf den Rasenplätzen der Marquisen.

Auch ist eine englisch-amerikanische Gesellschaft am Werke, in den alten Park hinein ein Riesenhotel zu bauen, dessen Komfort außerordentlich bemerkenswert zu werden verspricht. Ich las in einem englischen Prospekt, daß es da Grillrooms, Esplanaden und Lawn-Tennisplätze geben wird; und beruhigend wurde hinzugefügt, daß der Neubau die Harmonie nicht stören dürfte, denn das Hotel werde *in the style of the château* gebaut. Solche unternehmenden Leute sind unsere Hoffnung und Zuversicht. Sie bauen uns nächstens wohl ein komfortables Empiretheater vor den Kölner Dom, gerade vor die großen Portale mit ihren Spitzbogen. Aber es stört die Harmonie nicht, denn es wird erbaut *in the style of the Kirche.*

Von großen Männern

Eine Zeitung erzählt, wie der große griechische Staatsmann Venizelos sich seinen Tag einzuteilen pflegt. Man liest so etwas ja immer gern.

Der große Staatsmann braucht nur wenig Schlaf und steht schon um fünf Uhr morgens auf. Er nimmt ein Bad und verzehrt ein frugales Mahl. Dann beginnt er zu arbeiten und arbeitet durch bis zwölf. Um zwölf verzehrt er abermals ein frugales Mahl und arbeitet dann weiter bis in die Nacht. Er trinkt nie Wein, sondern immer nur Wasser, und er raucht niemals. Und so lebt nun dieser bedeutende Mann.

Wo habe ich schon einmal so etwas Ähnliches gelesen? Richtig: Karl der Große. Der schlief auch nur wenig, stand morgens um fünf Uhr auf, trank keinen Wein und rauchte niemals. Und mit George Washington war es ebenso, und mit Friedrich dem Großen und Napoleon. Alle die großen Männer der Geschichte ähneln sich, sie stehen um fünf Uhr morgens auf, nehmen frugale Mahlzeiten ein und arbeiten den ganzen Tag. Deshalb ist die Geschichte ja auch so großartig geworden.

Mein Lieblingsheld dagegen ist der König Ludwig XV. von Frankreich. Der schlief zusammen mit der Pompadour bis um elf Uhr vormittags. Dann ließ er sich zusammen mit der Pompadour die Schokolade ans Bett bringen. Er arbeitete nie, trank viel Champagner und ist der Erfinder des Rühreis auf Königsart – *œufs brouillés à la royale* –, das man heute noch in den besseren Pariser Restaurants bekommen kann.

Ich gebe das Rezept dieser Speise, das gerade jetzt interessieren wird, hier wieder: Nimm zwölf am selben Tag gelegte Eier und rühre mit ganz frischer Butter an. Vermenge hinein: Steinpilze, Hahnenkämme und feingeschnittene Karpfenmilch. Serviere sehr heiß.

Ludwig XV. wird nicht unter die großen Männer der Geschichte gerechnet. Aber es soll ein Vergnügen gewesen sein, unter seiner Regierung gelebt zu haben.

Bellona

Ich liebe die Kriegsschiffe, die Eier einkaufen gehen.
Wie gestern in einigen Zeitungen zu lesen war, ist ein spanisches Kriegsschiff vor Agadir erschienen und hat neben dem deutschen Kriegsschiff »Potsdam« Anker geworfen. Als man den Kommandanten danach fragte, was er in Agadir suche, antwortete er, sein Kriegsschiff sei gekommen, um in Agadir Eier einzukaufen. Und wirklich kaufte das Schiff auf dem Markt Eier ein und dampfte dann wieder in aller Gemächlichkeit ab.
Daran ist nichts Merkwürdiges, und kein Grund liegt vor, dieses Ereignis komisch oder gar verdächtig zu finden. Ein Kriegsschiff braucht Eier gerade so wie wir. Es lebt nicht etwa nur, wie man meinen möchte, von Heldentaten und Kanonenschüssen, nein, es braucht auch Butter für seine Koteletts, Senf für den Rinderbraten und Rum – diesen ganz besonders – Rum für seine Grogs. Und wenn ihm niemand diese Lebensmittel besorgt, so geht es auf den Markt und kauft ein.
Die Diplomaten Europas konferieren, die öffentlichen Meinungen brausen auf, alle Augen der Welt sind auf Marokko gerichtet ... und waffenstarrend läuft da ein Kriegsschiff aus, um Eier einzukaufen. Vielleicht – malen wir uns die Sache aus – vielleicht nehmen die anderen Nationen den spanischen Eierkauf übel?
Und es entsteht ein Weltkrieg um eine Eierkiste, wie einst Marlborough wegen eines Glases Wasser in Ungnade fiel.
Ich liebe Kriegsschiffe, die Eier einkaufen. Das sind doch bei weitem die besten Kriegsschiffe. Ja, man wagt zu hoffen, daß in Zukunft die Kriegsschiffe nichts anderes zu tun haben werden als so etwas. Der allgemeine Weltfrieden kommt doch einmal, früher

oder später, und was machen wir dann mit den *Dreadnoughts*? Nun, ganz einfach: die *Sachsen* schleppt werdersche Äpfelkähne über die Ostsee. Frankreich wird mit seiner »Voltaire« frischen Spargel einkaufen. Und die englische »Furious« kommt zu uns herüber, um sich nachbarlich die Kaffeemühle zu leihen. Es wird Eden werden.

(Übrigens ein Rat für die deutsche Diplomatie: vielleicht lassen wir auch die »Potsdam« eine Mandel Eier einkaufen. Damit wir doch wenigstens etwas aus Agadir mitnehmen.)

Durchschnitt durch Potsdam

Der Stamm der Linde ist bis hoch hinauf von Efeu umwachsen. Dieser Efeu steht jetzt in Blüte, und die Bienen sind in ihm beschäftigt. »Wir wollen einen Augenblick stille sein«, sage ich zu der jungen Dame.

Wir sind einen Augenblick stille und horchen auf das Summen. Auf das unaufhörliche Summen der Bienen, von denen der Dichter Virgil sagt, daß man in ihrem Wesen die Atemzüge des Äthers vernehmen könne.

Das ist der Park von Potsdam, und der Oktober läßt seine Fahne über das Land wehen; die drei Farben dieser Fahne sind: das Blaßblau des Himmels, die Bronze des sterbenden Laubes und das Silber der Ferne. Und an diesen Landesfarben kann kein Mensch etwas auszusetzen haben.

Bemerkenswerterweise hat der Park nichts dadurch verloren, daß er aufgehört hat, ein königlicher Park zu sein und ein bürgerlicher Park geworden ist. An dem Grabe der Akme bei Charlottenhof ist es noch gerade so still wie früher, und die schimmernden Paläste, die auf den Hügeln stehen, diese Gerüste der Majestät sind noch schöner geworden, jetzt, wo sie ein Schicksal haben.

Auch stehen die alten Verbotstafeln noch in Kraft: es ist streng verboten, Zigarren zu rauchen, auf die Wiese zu gehen, Blumen abzupflücken. Ja, ein neues Verbot kam hinzu: es ist verboten, Automobil zu fahren; und dieses Verbot ist zu begrüßen, dieweil hier früher etwas zu viel geautot und getutet worden ist.

Zahlreiche alte Damen in Schwarz lustwandeln in den Bosketts. Potsdam ist die Stadt der alten Damen in Schwarz. Sie wohnen in den verschollenen Häusern am Kiez, sind die Frauen von pensionierten Hofbeamten und haben Erinnerungen voller Glanz. Nachmittags gehen sie in den Park, immer zu zweien, sitzen still auf der Bank und betrachten das Marmorbildwerk, das im Grünen steht. Das Marmorbildwerk stellt den Raub der Sabinerinnen dar. Ein bärtiger Sabiner hebt die Rokokodame in die Höhe und hat die Absicht, ihr ein Leids zuzufügen.

Nun aber, auf dem schmalen Wege, kommt uns das Militärauto entgegengerast; gerade haben wir Zeit, zur Seite zu springen und uns zu retten.

»Haben Sie denn nicht gesehen?« ruft mir ein Herr zu. »Das war ja der Prinz Eitel Friedrich!« Und der Herr, der mir das zuruft, ist ganz beglückt und beseligt.

So, so; der Prinz Eitel Friedrich fährt hier Automobil, wo es doch verboten ist, Automobil zu fahren! Schau einer an.

Da bin ich auf die Wiese hinausgegangen, habe mir dort vor aller Welt eine Zigarre angesteckt und einen Strauß Grasnelken gepflückt.

Friede

Auf dem Weg, der an dem Reitplatz entlang führt, spielen hundert kleine Kinder die ersten Spiele des zarten Frühlings. Sie bakken Kuchen aus Sand, der in der Tat billiger ist als das Mehl, und bewerfen sich brüderlich mit Pferdeäpfeln. Die dazugehörigen Kindermädchen sitzen auf den Bänken und sind in die melodischen Werke des Herrn H. H. Ewers versunken.
An dem ersten Baum des Weges ist eine Tafel angebracht mit der Inschrift: »Dieser Weg ist für Kinder gesperrt!« Aber weder die Kinder noch die Mädchen achten darauf, denn das ist vorbei und wird nie wiederkehren. Und wenn ich jetzt erzählen wollte, daß bis vor kurzem in diesem Tiergarten blaue Menschenfresser herumstreiften mit Pickelhauben auf dem Kopf und daß sie einen Säbel trugen, um die kleinen Kinder am Spielen zu hindern – wenn ich das erzählen wollte, niemand würde es glauben. Kann ich es selbst doch kaum glauben, daß einmal eine Ära war, in der Kinder gesperrt wurden.
Die Vegetation (die Boskette, Rondelle, Bäume usw.) befindet sich augenblicklich in jenem Stadium, das man das durchsichtige nennen kann. Die Blätter bilden noch keine großen, verstaubten Kronen, sie sind kleine Goldkörner, die in lichten Schwaden stehen, in schimmernden Schwärmen wohlverteilt. Die Fliederbüsche sind wie große Glaskugeln mit goldenen Pailletten darin, und durch sie hindurch sieht man die Reiter blitzend galoppieren.
Das ist der Frühling des Frühlings, und aller Welt sei geraten, sich diesen Vorgang zu besichtigen; denn er ist erstaunlich schnell wieder vorbei, und er ist das Wichtigste, was man jetzt sehen

kann, wichtiger vielleicht noch als der Massenfilm *Das Weib des Pharao*. Dabei kostet es gar nichts, wie ja überhaupt die wertvollsten Dinge dieser Welt umsonst zu haben sind.

Nun kommt den Weg einher ein Fräulein gewippt, dem man gleich ansieht, daß es etwas anderes ist: kurz gerockt, bleich, mit Schatten unter den unruhigen Augen. Sie führt zwei Knäblein spazieren, und wie das eine Knäblein auf den Reitweg läuft, ruft sie laut: »Heinz, je veux que tu restes près de moi!«
Das ist kein Ersatzfranzösisch aus der Berlitz-School, das ist das richtige Bonnenfranzösisch aus dem Parc Monceau in Paris ... und niemand dreht sich danach um, und die Kinder erstarren nicht zu Stein, die Fräuleins auf den Bänken blicken nicht von ihren Büchern auf; die Völker wandern wieder kindlich durcheinander ...
Heilige Göttin des Friedens, *Eirene*, wenn die Griechen dir danken wollten, stellten sie eine Schale Milch auf die Marmorplatte deines Altars. Gern möchte auch ich dir ein solches Opfer darbringen an diesem Frühlingstag; aber wirst du mit kondensierter Milch vorliebnehmen?

Der Galawagen

Als ich in der Richtung auf das Alte Museum zu ging, begegnete mir am Werderschen Markt eine Galakutsche, die auf einem Lastautomobil spazierenfuhr. Es war eine mittelgroße, zweisitzige Galakutsche, von oben bis unten vergoldet, und aus ihren Ornamenten konnte man erkennen, daß sie aus den letzten Teilen des achtzehnten Jahrhunderts stammte, was die beste Zeit für Galakutschen gewesen ist; ihre Blüteperiode, wie man zu sagen pflegt. Auf dem Schlag des Wagens war das komplizierte Wappen des Königs von Preußen angemalt.
Offenbar sollte diese Galakutsche aus irgendeinem Schloß in den Marstall gebracht werden; aber weil sie zu schwach oder zu vornehm war, selbst über die Straße zu fahren, deshalb hatte man sie auf das Lastautomobil gehoben. Und so fuhr sie nun, golden und hilflos, auf dem gewaltsamen Gefährt über den Markt einer fremden Welt. Der gebildete Straßenpassant mußte an Rokokoprinzessinnen denken, die auf dem Karren zu Sansons Guillotine gebracht wurden.

Überall an dem Wege blieben die Leute stehen, und es bildeten sich Gruppen, die diesen Vorfall besprachen. Die Meinung, daß die Zeiten jetzt wesentlich anders seien als früher, wog vor und wurde in mannigfaltigster Weise abgehandelt. Eine Frau aus dem Volke beispielsweise, die ein Marktnetz voll Kartoffeln trug, äußerte heftig zu mir: »Ja, das waren bessere Zeiten, damals, mit den Galawagen!«
Ich konnte mich nicht enthalten, ihr zu antworten: »Ja, junge Frau, sind Sie denn früher im Galawagen zum Markt gefahren?«

Aber da sah sie mich so erstaunt und feindselig an, daß ich vorzog, in der Menge zu verschwinden.
Es ist mir bekannt, daß viele Leute meine Bemerkungen nicht lieben. Weil diese Bemerkungen wahr und deshalb ungewohnt sind.

Die Kastanie

Ich ging im Park spazieren an dem hohen Gitter entlang, das den Garten von der Straße trennt. Am einsamen Herbstmorgen. Die Kastanien waren reif, und vor mir auf dem Kieswege lag eine dieser blanken braunen Früchte, mit denen die Kinder so gern spielen. Ein kleines Mädchen aber stand draußen, außerhalb des Parkes, drückte das Gesicht an die Stäbe des Gitters und sah sehnsüchtig nach der schönen Frucht hin. Die hätte sie gar zu gern gehabt, konnte aber nicht heran, weil auf tausend Schritte rechts und links im Gitter kein Tor war. Und deshalb bat sie mich nun recht herzlich und freundlich und sagte: »Lieber Herr, geben Sie mir doch bitte diese Kastanie da her«. Und ich hob die Kastanie auf, brachte sie dem Mädchen und reichte sie ihr durch die Eisenstäbe hin.

So standen wir uns am Gitter gegenüber und sahen uns freundlich lächelnd an. Und dabei muß es nun der Kleinen eingefallen sein, daß ja eigentlich ich eingeschlossen sei, weil eben im Gitter kein Tor war. Sie sah sich erst verschmitzt und vorsichtig nach allen Seiten um, dann beugte sie sich vor, spie mir mit aller Kraft ins Gesicht und lief hurtig von dannen.

Ich säuberte mein Gesicht, blickte dem kleinen Mädchen nach und sagte vor mich hin: Schau, schau, die Kleine hat Einfälle, und sie hat Initiative. Sie wird es weit im Leben bringen. Sie wird vielleicht eine große Künstlerin oder eine berühmte Schriftstellerin werden, eine Zierde der Heimatkunst. Und ich setzte meinen Spaziergang nachdenklich fort und überlegte mir, wie ich meinerseits es doch eigentlich zu gar nichts Rechtem gebracht habe in diesem Leben.

Die Nautica auf dem Ruinenberg

Relief von Schadow an einem Grabmal in Bornstedt

Allee nach Sanssouci

Ich weiß nicht warum, aber ich werde in diesen trüben Tagen mein altes Lieblingswort nicht los. Das Wort *praeterire hortos.* Ursprünglich ist dieses Wort ein Paradigma aus der lateinischen Grammatik, wo es als Beispiel steht für die Regel, daß die Praepositionen auch in Zusammensetzungen noch unentwegt fortfahren, ihren Kasus zu regieren. Also *praeter* mit dem Akkusativ. Und in der lateinischen Grammatik habe ich als Vierzehnjähriger dieses Wort zum ersten Male gelesen, und, weiß Gott warum, seit jener Zeit klingen mir die lateinischen Laute immerfort wieder einmal im Kopfe herum, lieb, sonnig und schwer. Auch jetzt noch, da die Haare grau geworden sind und die Sonnigkeiten seltener werden von Tag zu Tag. *Praeterire hortos.* An den Gärten vorübergehen.

Wahrscheinlich kommt das daher, daß ich es liebe, an Gartenzäunen entlangzugehen. An den Gartenzäunen entlang ist die Straße ruhig, kühl und grün. Und über den Zaun hinweg sieht man in stille Abgeschlossenheiten, in die nicht jeder erste beste hinein darf; man sieht alte Männer, die mit der Gießkanne die Begonien besprengen; oder eine große Fontänenschale, in der ein ganz kleines Springbrünnlein silbern herumtänzelt; oder eine weißhaarige Frau, die langsam auf die Laube zuschreitet; oder sonst so etwas Schönes, Stilles und Pensioniertes. Auch läßt man sich dadurch nicht stören, daß etwa ein Spitz des betreffenden Gartens an das Gitter gerannt kommt und den Wanderer mißtrauisch ankläfft. Und nur der eine Gedanke stört: der Zug fährt in zwölf Minuten; wenn ich ihn nicht erreiche, muß ich auf dem Bahnhof dreiviertel Stunden auf den nächsten warten.

Also schnell, schnell. *Praeterire. Praeterire.*
Weil dieses Wort doch nun aber schließlich ein römisches Wort ist, deshalb mischen sich südliche und antike Sehnsüchte in das Bild mit ein. Die Gartenfülle des alten Kaiserreiches steigt auf vor unsern Blicken, und rüstig schreiten wir die appische Straße entlang, an Lorbeerhecken und marmornen Arkaden vorüber.
Dunkle, alte Gärten, die ihre Zweige über die Straße hinausstrekken und dem Heimatlosen auch etwas abgeben von ihrer Stille und Kühle. Junge, spärliche Gärten, in denen alles noch dünn steht und durch die hindurch man ganz in der Ferne das Meer schimmern sieht. Marmorn träumt im kleinen Tempel Priapus, und hinter dem Hause lachen und schreien junge Stimmen im Durcheinander eines sonnigen Ringelspiels.
So, mit der Fülle der Bilder, hörte der Vierzehnjährige das alte Wort zum ersten Male, und so klingt es dem Grauen heute noch nach einem Leben voll staubigen Wanderns und ewiger Unrast. Und wäre ich der Geckerei ergeben, die sich mit künstlichen und gelehrten Wahrsprüchen ziert, so wählte ich als Motto meiner Laufbahn jene straßenmüde Vokabel: *Praeterire hortos.* Weil mein Leben ein Vorübergehen war und weil niemand es für nötig befand, mich zu den Ringelspielen dieser Welt einzuladen.

Die Sonnenuhr

In den Parks unserer königlichen Schlösser sieht man hier und da sogenannte Sonnenuhren stehen. Das sind stumpfe, kurze Säulen, deren obere Fläche allerlei astronomischen Zierat und einen Zeiger trägt. Scheint die Sonne – was ja auch in dem Klima Preußens hin und wieder einmal vorkommt – so fällt der Schatten des Zeigers auf eine Art Zifferblatt und zeigt dort zwischen Linien und Zahlen auf das niedlichste die gerade laufende Stunde an. Dann besehen die Spaziergänger sich dieses Phänomen, ziehen zum Vergleich ihre Taschenuhren vor und erstaunen darüber, wie richtig die Sonne geht.

Auch im Park des Schlosses Bellevue bei Berlin befindet sich eine solche Sonnenuhr. Sie stand bis vor kurzem, wie sich das gehört, auf einem freien, sonnigen Platze und machte den friedlichen Leuten, die im Park lustwandelten, viel Vergnügen. Diese Leute traten an die Uhr heran und betrachteten sie, aber sie taten das etwas ängstlich und bescheiden, denn sie wußten nicht, ob es eigentlich erlaubt ist, die Sonnenuhr zu besehen.
Auch die königliche Gartenverwaltung wußte nicht recht, ob es eigentlich dem Publikum erlaubt sei, die Sonnenuhr zu besehen. Sonst ist in diesem Park ja so ziemlich alles verboten: es ist verboten, den Rasen zu betreten, Hunde oder Kinder herumlaufen zu lassen und Fahrräder mitzuführen; verboten ist das Mitbringen von Kinderwagen, Sportwagen oder Reifen, das laute Lärmen, das Abpflücken von Blumen oder Blättern, das Reiten, Fahren, Rauchen, Photographieren, Zeichnen, Malen. All das ist verboten. Warum, so dachte die königliche Gartenverwaltung, und

ihre edle Stirn umdüsterte sich, warum soll gerade das Betrachten von Sonnenuhren erlaubt sein?
Es wurde erwogen, wie dem Unfug abzuhelfen sei. Man hätte eine Tafel neben der Sonnenuhr aufstellen können mit der Aufschrift: *Das Betrachten der Sonnenuhr ist bei Strafe verboten!* Oder man hätte eine Absperrung um die Sonnenuhr veranstalten können. Aber diese Mittel erschienen verbraucht und nicht wirksam genug, und so verfiel man auf folgenden Ausweg: die Sonnenuhr wurde aufgehoben und mitten auf einen Rasenplatz gestellt, der natürlich nicht betreten werden darf. Und um gleich aufs ganze zu gehen, stellte man die Sonnenuhr in den Schatten eines großen Baumes, durch dessen dichte Krone nie ein Sonnenstrahl dringen kann. So ist man ungefähr sicher, daß das vorlaute Publikum nie wieder an der Sonnenuhr sein unerlaubtes Vergnügen haben wird.
Dort steht nun die Uhr im Dunkeln, ist der Sonne gewichen und weiß von dem Fortschreiten der Zeit nichts. *Nec soli cedit*, sagte jener Friedrich II., der in manchen Punkten gar kein richtiger Preuße gewesen zu sein scheint.

Revolutionäre

Ganz unpolitisch muß zu dem Sozialistenkongreß eine Anmerkung wiederholt werden, die schon vor zwei Jahren in Bern gemacht werden konnte: nämlich daß der Sozialismus eine immer elegantere Sache wird ...

Also diese englischen Kohlenarbeiter, die zum Kongreß nach Genf kamen, wohnten einfach im Hotel *Beau Rivage*. Dieses Hotel, das im Baedeker an erster Stelle steht mit einem Sternchen, liegt am Quai und hat eine Terrasse nach dem See zu. Wenn jetzt die einfachen Bürgersleute des Abends vorübergingen, konnten sie zu diesen Grubenarbeitern aufschauen, die in Rocking Chairs lagen und ihren Mokka schlürften.

Wie die Herren dort untergebracht waren, kann ich nicht schildern, da ich nur selten in so vornehmen Hotels gewesen bin und sie nicht so liebe. Diese großen Häuser sind in allen Ländern langweilig, immer dieselben, wie sie überall dieselben Namen tragen. Wer das Reisen als ein Abenteuer genießt, der gehe an den Palaces vorüber und suche die alten, guten, verhutzelten Gasthöfe, die in Deutschland etwa *Zur Post* heißen, in Frankreich *Au Grand Roi* und in Rom *Albergo Santa Chiara*. Da findet er die Nationalspeisen des jeweiligen Städtchens, ein stilles Zimmer mit Stahlstichen an der Wand und manchmal auch ein Stubenmädchen voller Trost.

Doch ist zu verstehen, daß Kohlenarbeiter, die Kongreßabgeordnete sind, etwas auf sich halten müssen. Man bezeichnete das unter der alten Herrschaft mit dem Fremdwort *Repräsentation*, und man wird es vermutlich noch lange so bezeichnen. Auch wenn die Bolschewiken einmal drankommen.

Übrigens hat dieses Hotel eine Geschichte. Im Herbst des Jahres 1898 wohnte hier eine Dame, die immer tief verschleiert ging und sich im Fremdenbuch mit einem einfachen adligen Namen eingeschrieben hatte; in Wahrheit aber war es Elisabeth, Kaiserin von Österreich, Königin von Ungarn, Böhmen, Galizien und von Jerusalem. Draußen unter den Fenstern lauerte der Revolutionsmann und wartete auf seine Stunde. Der sagte sich in seinem finstern und engen Sinn: wie kommen die feinen Damen und Herren dazu, sich dort oben breitzumachen; warum ich nicht auch, ich und meine Brüder. Und als die arme verschleierte Frau aus der Tür trat, stieß er ihr sein dummes Messer ins Herz.

Niemand denkt daran, die Männer ehrlicher Arbeit mit solchem Unhold irgendwie in Beziehung zu bringen. Aber es liegt doch ein Umschwung vor, der sich klar abzeichnet wie ein allegorisches Gemälde: Kaiserinnen gibt es nicht mehr; und in den Korbsesseln, in denen sie thronten, wippen jetzt die Vertreter der sozialen Schicht, die damals in der tiefsten Tiefe lag.

Wie lange ist es denn her, daß die Sozialisten Revolutionäre waren und der Bürger sich bei ihrem Namen entsetzte? Umstürzler, Abschaum der Menschheit, vaterlandslose Gesellen, so wurden sie beschimpft, und sie selbst nannten sich die Enterbten und Ausgestoßenen.

Jetzt sitze ich hier im Büfett des Saales von Plainpalais, wo der Kongreß stattfindet, es ist Nachmittag, und die Sozialisten sowie die Sozialistinnen sind mit ihrem Tee beschäftigt. Und die kuriose Frage drängt sich auf: wenn ich nun nicht wüßte, wo ich bin, wenn ich plötzlich hierher versetzt wäre – auf was würde ich raten?

Nun, bei Gott und allen seinen Heiligen, nie würde mir der Gedanke kommen, daß ich hier unter den Enterbten der Gesellschaft bin. Geheimrätliche Gesichter glänzen, runde Bäuchlein bewegen sich zierlich, und brillantengeschmückte Damenhände halten die Zigarette. Die ernste, schlichte Tenue der Deutschen wirkt wohltuend; aber schließlich trägt auch Herr Scheidemann keine Ballonmütze, die ihn übrigens vermutlich gar nicht kleiden würde.

Sie sind halt jetzt an der Reihe, oben zu sein, sind Staatssekretäre, Minister, Gesandte, Staatsoberhäupter gar, sie haben die Macht – und müssen sich nun natürlich gleich gegen eine neue Revolution wehren, die von links andrängt. Fast die ganze Arbeit des Kongresses erschöpfte sich in der Abwehr des Bolschewismus, und dabei wurden Reden gehalten, die merkwürdige Erinnerungen wecken. Da wurde der Umsturz verurteilt und Umstürzler gebrandmarkt, von Staatserhaltung gesprochen, und wörtlich sagte es Herr Molkenbuhr, daß der Fortschritt nicht durch gewaltsame Katastrophen herbeizuführen sei, sondern durch Ausbau des Bestehenden und durch Anknüpfen an die Zustände der Gegenwart. So hat vor fünfundzwanzig Jahren Wilhelm II. gegen die Molkenbuhrs gesprochen, jetzt spricht Herr Molkenbuhr so gegen die Bolschewisten, und in weiteren fünfundzwanzig Jahren werden die Bolschewisten so gegen das reden, was dann aus roten Fernen aufgedämmert sein wird.

Einmal erhielten wir lästigen Besuch: Arbeiter aus Genf drangen in den Saal ein und besetzten die Tribünen; wirkliche Arbeiter das, mit festen Fäusten, mit Automobilmützen und ohne Stehkragen. Und sie wollten mitmachen, lärmten und brachten Vivats aus auf die Revolution, wie sie sie meinen. Selbstverständlich wurden diese unmanierlichen Leute, die nichts auf einem Sozialistenkongreß zu suchen haben, schleunigst an die Luft gesetzt, und sie waren sehr böse darüber. Aber sie sollten klug sein und sich ein wenig in Geduld fassen. Ein Menschenalter nur, und sie werden selbst in bequemen Kongreßsesseln sitzen, mit runden

Bäuchen und goldenen Uhrketten darüber, und werden über die Erhaltung des Staates beraten. Dann wird auf der Tribüne oben eine neue Revolution rumoren, die wir heute noch nicht kennen, die aber kommen wird, so sicher, wie die Natur ewig ist.

Canes familiares

Habt ihr je den Blick beachtet, mit dem der deutsche Bürgersmann einen Offizier ansieht? Diesen scheuen und treuen Blick, so von unten herauf, als ob ein geduckter Pudel zu seinem Herrn aufsieht!
Wenn du diesen Blick kennst, so weißt du, daß es in Deutschland nie etwas Rechtes werden wird. Und dann läßt du die Dinge laufen, wie sie wollen, und holst dir vom Regale den alten Lederband her und liest die Strophen des Horatius Flaccus, der in Venusia geboren wurde.

Editorische Notiz

Die Texte wurden entnommen aus: *Victor Auburtins* gesammelte kleine Prosa [Werkausgabe in Einzelbänden], herausgegeben von Peter Moses-Krause, 1994ff.; im einzelnen: »Lob der Langsamkeit«, »Etwas über Fontane«, »Auf den Spuren Friedrich Wilhelms IV.« und »Bellona«, zuerst gedruckt 1911 im *Berliner Tageblatt*, sind enthalten im vierten Band der Werkausgabe [*Einer bläst die Hirtenflöte*, in Vorbereitung]. Die Feuilletons »Friede« (1919), »Revolutionäre« (1919) und »Von großen Männern« (1923) sind gleichfalls im vierten Band der Werkausgabe enthalten. Aus *Ein Glas mit Goldfischen*, der Feuilletonsammlung von 1922 [erster Band der Werkausgabe], stammt die Titelgeschichte »Durchschnitt durch Potsdam« und »Der Galawagen«; dort findet sich auch eine Nachkriegsfassung von »Die Sonnenuhr«, während in diesem Bändchen die erste Fassung von 1911 abgedruckt wird. Aus *Die Onyxschale*, Auburtins erster Sammlung von *B.T.*-Feuilletons, 1911 erschienen [zweiter Band der Werkausgabe], stammt »Canes familiares«, »Die Kastanie« und, unter dem Titel »Allee nach Sanssouci«, ein Ausschnitt aus dem »Tagebuch eines Einsamen«. Der Versailles-Spaziergang »Baumblüte«, 1913 im *B. T.* gedruckt, ist enthalten im dritten Band der Werkausgabe: *Was ich in Frankreich erlebte* .

Die Photographien von Fritz Eschen, dem »Flaneur mit der Kamera«, auf den Seiten 2 (Frontispiz), 13, 14, 21, 22 und 37 entstanden um 1930. Für die freundliche Druckgenehmigung danken wir Klaus Eschen, Teltow. – Das Frontispiz zeigt eine der Figuren, die rings um das »Chinesische Teehaus«, Bürings exotischen Pavillon im Park von Sanssouci, aufgestellt sind.

Satz und Repros Werner Schwartz in der FotosatzWerkstatt Tempelhofer 21 GmbH in Berlin · *Druck* Offset Druck Pohland in Augsburg

Inhalt

Für alte und neue Auburtinisten

»Ich zweifle nicht«, schrieb der Feuilletonist Walther Kiaulehn zu seiner kleinen, längst vergriffenen Auburtin-rororo-Auswahl, »daß jeder Leser sofort ein zweites Exemplar kaufen wird, um es zu verschenken. Man kann gar nichts Besseres tun. Bringt man seine Freunde mit Auburtin zusammen, dann haben sie wenigstens einen Bekannten, mit dem sie sich überall sehen lassen können.« Deshalb empfehlen wir Ihnen zur Hebung Ihrer Reputation und zum eigenen Vergnügen:

Victor Auburtins gesammelte kleine Prosa. Werkausgabe in [sechs] Einzelbänden, herausgegeben von Peter Moses-Krause; in schönen Pappbänden mit Fadenheftung. Reihen-ISBN 3 921810 73 6

Bisher sind erschienen:

Pfauenfedern und Ein Glas mit Goldfischen. Miniaturen und Feuilletons 1921/1922. [Werkausgabe, erster Band] 228 Seiten. ISBN 3 921810 74 4

Die Onyxschale und Die goldene Kette sowie andere kleine Prosa aus dem »Simplicissimus« bis 1911. [Werkausgabe, zweiter Band] 248 Seiten. ISBN 3 921810 25 6

Was ich in Frankreich erlebte und die Literarischen Korrespondenzen aus Paris 1911–1914. [Werkausgabe, dritter Band] 476 Seiten. ISBN 3 921810 26 4

In Vorbereitung:

Die Hirtenflöte. Einer bläst die Hirtenflöte [1928] sowie die Feuilletons aus dem »Berliner Tageblatt« bis 1928. [Werkausgabe, vierter Band] ca. 480 Seiten. ISBN 3 921810 27 2

Inventur in den Koffern. Nach Delphi [1925] und andere Reisefeuilletons. [Werkausgabe, fünfter Band] ca. 360 Seiten. ISBN 3 931109 33 X

Alle Bände sind einzeln erhältlich oder zur Subskription.

Außerhalb der Werkausgabe ist erschienen

Herr Brie oder Katzen und andere. Geschichten. Mit Zeichnungen von Théophile-Alexandre Steinlen. Ausgewählt und mit einem Vorwort von Peter Moses-Krause. 72 Seiten. Engl. Brosch. mit Fadenheftung. ISBN 3 931109 06 2

Durchschnitt durch Potsdam oder Lob der Langsamkeit. Geschichten vom Déjà vu. Ausgewählt und mit einem Vorwort von Peter Moses-Krause. Mit Photographien von Fritz Eschen. 52 Seiten. Engl. Brosch. mit Fadenheftung. ISBN 3 931109 08 9

In Vorbereitung:
Selten am Alexanderplatz. 66 Berliner Feuilletons. Mit einem Vorwort von Heinz Knobloch. ca. 120 Seiten. Engl. Brosch. mit Fadenheftung. ISBN 3 931109 07 0

Im Verlag **Das Arsenal** in Berlin-Charlottenburg.